www.tredition.de

© 2019 Ann Kathrin Kizina

Verlag und Druck:

tredition GmbH, Halenreie 40-44, 22359 Hamburg

ISBN

Paperback (ISBN: 978-3-7497-0192-6)
Hardcover (ISBN: 978-3-7497-0193-3)
e-Book   (ISBN: 978-3-7497-0194-0)

Tragedy

in

Poetry

Verzweiflung

Tragedy in Poetry

Hörst du das?
Diese bittersüße Symphonie,
die sich dein Leben nennt?

Schmeckst du das?
Den süßen Geschmack der
Verzweiflung auf der Zunge.

Siehst du das?
Du siehst das Leben durch deine
Finger rinnen.

Du hast nicht mal den Versuch
gemacht, es festzuhalten.

Tragedy in Poetry

Und siehst du wieder, wo ich steh?

Siehst du es, wo ich damals war?

Genau an dieser Stelle an dieser
einen Brücke da.

Tragedy in Poetry

Doch trotzdem war dieser Tag
verregnet, obwohl die Sonne schien.
Schatten über mein Land aus Glück,
was sonst hell erleuchtet ist.

Was ist in meinem Land geschehen?
Oder ist dieser Schatten schon
immer da gewesen?

   – Ich weiß es nicht.

Tragedy in Poetry

Ich trauere schon viel zu lang und
viel häufiger als dieses kleine
Herz, was sich mein nennt, ertragen
kann.
Das war auch nicht erst seit
gestern, das geht schon tagelang.
Ach was red ich, ich heul schon
jahrelang.

Tragedy in Poetry

Manchmal frag ich mich, wo ich
anfangen soll.
Ich bin nur noch wütend, nur noch
traurig aus so vielen Gründen.

Ich bin so wütend auf mich, weil
ich so vor die Hunde gehe und alles
mache, um es aufzuhalten und alles
immer nur schlimmer wird.
Das Licht wird nur noch von der
Dunkelheit verschluckt.
Ein Trauerspiel.

__Tragedy in Poetry__

Ich bin wütend, weil alles was ich
mir vornehme einfach kaputt geht.

Immer.

Ich bin traurig, denn sollte es
eine Zeit geben, wo etwas gut für
mich läuft, endlich richtig. In
eine Richtung, die passend ist,
könnte ich dies niemals genießen.

Dieses Glück würde niemals bei mir
bleiben.

So etwas ist mir nicht vergönnt.

Tragedy in Poetry

Du fragst mich wirklich, warum ich
Allergisch gegen Menschen bin?

Du fragst mich wirklich warum?

Menschen sind abartig, böse und
hässlich.
Doch vor allem sind sie dumm.

Tragedy in Poetry

Ich sehe der Rose beim verfallen
zu, mit jedem Blatt was fällt, geht
sie immer mehr zugrunde.
Jedes gefallene Blatt bleibt
einfach da liegen und verrottet
weiter. Das Leben verrinnt immer
weiter aus der Rose. Bis zu ihrem
vergehen, welches unausweichlich
ist.

Diese Rose, die ich sah, sie
spiegelte mich wieder.
Die Rose, sie war ich.

Tragedy in Poetry

Ich bin wach in einem Albtraum den meine Gedanken mir selbst erschaffen haben. Es gibt kein Weg zurück, kein Weg daraus. Nur das gefangen sein in seinem tiefsten Inneren. Mit seinen tiefsten Ängsten. Die Ängste und ich, wir für immer.

Tragedy in Poetry

Die Stille in meinem Zimmer, in
dieses kleinen vier Wänden machten
die Stimmen, die am Tage noch still
waren, am Abend in meinem Kopf erst
richtig laut. Es ist ein Dröhnen,
welches immer in meinem Ohr bleibt.
Es ist nie ganz weg, es wird nur
leiser.

Tragedy in Poetry

Du kämpfst jeden Tag gegen zwei Welten in einem Kopf. Jeden Tag musst du dich daran erinnern, dass die ganze Welt dich NICHT hasst, sondern du es anders wahrnimmst als normalerweise. Du bist so empfindlich, dass der Sarkasmus der dir einst so perfekt liegt, auf einmal das schlimmste Kommunikationsmittel für dich ist. Menschen, die diesen Kampf noch nie mit sich selbst austragen mussten, verstehen dich nicht.

Und diese werden auch niemals begreifen, dass Schlaf nicht hilft, wenn es nicht dein Körper, sondern die Seele ist, die so müde von allem ist. Das diese einfach nur zur Ruhe kommen möchte und neue Kraft braucht.

Tragedy in Poetry

Ich habe verlernt, eine Geschichte
zu lesen.
Ich habe über Abenteuer gelesen,
die ich nie haben werde und über
Personen die ich nie kennen werde.
Ich habe mein eigenes Abenteuer
nicht gesehen und die Menschen, mit
denen ich es erlebe.
Meine Fantasie war eingefroren und
meine Gedanken voller Neid auf
diese Menschen, die es nur in einer
Geschichte gegeben hat.
Meine eigene Geschichte ist noch
nicht ansatzweise erzählt worden
und doch habe ich schon von einer
anderen geträumt.
Was macht dieses Leben mit mir,
dass ich nicht einmal in Erwähnung
ziehen könnte, das Abenteuer liegt
noch vor mir.

Tragedy in Poetry

Soll ich dir wirklich sagen, was
ich brauche?

Von all dem hier was passiert, eine
Pause.

Tragedy in Poetry

Wen versuchst du eigentlich zu
überzeugen, wenn du zu mir sagst,
dass du noch Hoffnung in meinen
Augen siehst.

Wen willst du damit retten?
Wenn versuchst du damit zu,
schützen?
Dich oder mich?

Tragedy in Poetry

Habe dieses Problem, ich lass fast
keinen an mich ran.
Es ist nicht so, dass ich nicht
will, nur das ich einfach nicht
kann.

Tragedy in Poetry

Jede Narbe auf deiner Haut ist ein Kampf, den du verloren hast.

Doch du bist noch da.

Du hast den Krieg gewonnen.

Tragedy in Poetry

Das Messer in die Haut gerammt, das
Blut tropft von der Hand.

- Gehe endlich hoch ins gelobte
  Land.

Tragedy in Poetry

Ein Schnitt ist genug und ich deck
mich wie ein Engel mit den Wolken
zu.

Denn dieser letzte Tropfen Blut,
dieser fällt für dich.
Nur für dich.

Tragedy in Poetry

Menschen kommen und Menschen gehen,
doch ich, ich würde hier lieber
gehen.

Mein Herz, es tut so weh.

Ich halte es auch, du musst es
auch. Ich würde Blut auf deinem
Grabstein weinen.
Du hälst das aus.

Tragedy in Poetry

Halt die Welt an.
Nur ganz kurz ich will raus hier
weg von ihr. Weg von hier.
Lass meine Seele hier fliegen,
dafür werd ich dich für immer
lieben.

Tragedy in Poetry

Du möchtest mir sagen, dass alles
hier ist, eine Maskerade?

Merkt ihr nicht? Gott, ihr seid so
eine Rattenplage.

<u>Tragedy in Poetry</u>

Irgendwann kommt eine Zeit, in der ich einfach nur zur Ruhe kommen will. Jetzt bin ich frei und ungebunden. Ich lebe mein Leben. Wie ich will. Keine Rücksicht auf Verluste.

Dieses Leben ist wahrlich eine Last.

   — Ich will endlich ankommen.

Tragedy in Poetry

An manchen Tagen weine ich mehr,
als ich lache.

Grotesk, dass es zum Weinen keinen
Grund gibt.

Tragedy in Poetry

Sie fragen dich, ob alles in
Ordnung ist.
Dann fragst du dich selbst, ob
wirklich alles in Ordnung ist.

Bist du noch Herr deiner Lage?
Deiner eigenen Sinne?
Oder gefangen in deinen Ängsten?

Tragedy in Poetry

Vielleicht ist heute auch einfach
nicht mein Tag. Doch ich verstehe
einfach nicht, warum ich hier
niemanden mag.

Tragedy in Poetry

Ich muss mich ablenken, mit Wodka
durch die Stadt schwenken.
Ich muss rauchen, ich muss laufen.
Will einfach nur weglaufen, doch
weglaufen ist hinlaufen.

Tragedy in Poetry

Mehr Kraft als Mut mit mehr Schnaps
als Blut.

Tragedy in Poetry

Ich habe hier schon völlig verlernt
zu leben, mich in dieser Welt
voller Ignoranz selbst aufgegeben.

Doch kein Problem, ich halt das
alles aus, denn was mich hält, ist,
irgendwann gehen wir alle drauf.

Tragedy in Poetry

Wenn du das Gefühl hast, dass dich
jeder aufgibt, gibst du dich auch
selbst auf.

Tragedy in Poetry

Ich bin betrunken.
Ich atme den Rauch.
Ich nehme den Stift.
Ich jage den Traum.

Und weil ich hier schon längst
vergessen bin, singt man mir keine
Lieder mehr.

Tragedy in Poetry

Ich will nicht sagen, wie es hier
um mich steht?
Warum auch?
Viel mehr interessiert mich, wer
von euch als Nächstes geht.

Tragedy in Poetry

Hör auf, immer alles zu verfluchen.

Du könntest was schaffen oder es
wenigstens versuchen.

Tragedy in Poetry

Freunde für immer sind nur
Spinnereien. Es sind
Kindergedanken, denn heutzutage
sind alle Verräter mit
Hintergedanken.

Tragedy in Poetry

Ich will endlich wieder atmen
können.

Du hast mich damals oft gefragt,
was mich zerreißt.

Gott weiß, ich wollte nicht, dass
du es weißt.

Tragedy in Poetry

Leider gibt es hier kein Happy End
in diesem Chaos.

In diesem Drama.

Tragedy in Poetry

Wir werden geboren und reingestellt
in diese kranke Welt in der,
solltest du es wagen, gegen das
Kranke zu kämpfen, du auf einmal
selbst der Kranke bist.

Vergangene Liebe

Tragedy in Poetry

Pass auf, dass du dich nicht tief
in meinen Augen verlierst, bevor du
aufwachst und dein Ziel aus den
Augen verlierst.
Pass auf, dass du dich nicht
verlierst, wenn du ihre Augen
vergeblich in meinen suchst.

Tragedy in Poetry

Und ich kann nicht glauben, die
Zeit sie vergeht, kann nicht
glauben, werden uns nie wieder
sehen.
Kann nicht glauben, es ist
passiert.
Kann nicht glauben, dass diese
Liebe hier nicht existiert.

Tragedy in Poetry

Wir liegen im Bett, es ist beiden
klar, dass beide schon lange nicht
mehr an den anderen, denken.
Doch trotzdem liegen wir hier.
Zusammen.

Du liegst neben mir, doch bist
schon lange nicht mehr da.

Das ist der Moment, wo ich dich am
meisten vermisse.

Tragedy in Poetry

Aber dieses Lächeln in deinem
Gesicht es steht dir so perfekt.
Egal wie oft ich es versuche,
vergessen kann ich es nicht.
Ich habe es oft versucht.

__Tragedy in Poetry__

Wieso sollte ich dir vergeben, wenn
du sowieso nicht weißt, worum es
geht.

Wieso sollte ich noch mit dir
reden, wenn du sowieso nicht weißt,
worum es geht.

Wieso sollte ich dich noch lieben,
wenn du sowieso nicht weißt, wie
das geht.

Tragedy in Poetry

Für dich gab es nur dich und mich,
es gab nur ein Miteinander.
Doch ich konnte diese Liebe nicht
teilen, nicht mir dir noch mit
einem ander`n.

Es tut mit so leid, doch ich war
einfach nicht bereit. Ich war noch
so müde von dem ganzen Scheiß.

Tragedy in Poetry

Nicht mal deine süße Liebe hilft
mir aus diesem Loch, indem ich,
seit einer Ewigkeit feststecke. Ich
habe seit Jahren kein Licht
gesehen.

Doch deine Liebe, sie war ein
Traum. Manchmal friedlich, doch
auch grau.

Tragedy in Poetry

Ich hoffe du weißt, du hast es
verbockt.
Ich hoffe du weißt, dass du nie
etwas Besseres als mich finden
kannst.
Hoffe du weißt, wie du es bereuen
wirst.
Hoffe du weißt, dass ich dich nicht
mehr brauche.
Ich hoffe du weißt, ich vergebe
dir.
Ich hoffe du weißt, wir werden uns
nie wieder begegnen.
Ich hoffe du weißt, du bist für
mich gestorben.

Tragedy in Poetry

Egal wo ich bin, diese Liebe sie
holt mich immer wieder ein.
Es sind Träume, die mich quälen am
Tag doch noch viel schlimmer bei
Nacht.

Tragedy in Poetry

Lass mich in deinen Armen auf dem
Dance Floor verbluten.
Ich sehe die Narben auf deiner Haut
von deinen Selbstmordversuchen.

Tragedy in Poetry

Ich suche schon so verdammt lange nach etwas, was ich nicht habe, was ich einfach nicht finde. Woran ich mein Leben klammern kann und es mich einfach erfüllt. Ich suche und suche und suche wie eine bescheuerte, aber ich finde es nicht und ich habe wirklich gehofft, dass du dieses erfüllen kannst, dass du mich erfüllst.
Doch du hast mir nur noch mehr Schmerz als nötig zugefügt. Und doch suche ich wieder und wieder bei dir nach dem einen Sinn, der mich am Leben hält. Der das Leben für mich sinnvoll macht und mich nicht zum Aufgeben ermutigt.
Doch mit dir falle ich nur immer weiter und weiter.
Hört am Ende dieses Falles endlich die Hölle auf?

Tragedy in Poetry

Du verkaufst dich unter Wert nur
für ein bisschen Heuchelei.

<u>Tragedy in Poetry</u>

Deine Liebe hätte mich direkt ins
Herz treffen sollen, doch das
einzige, was mich traf, war die
Verzweiflung in meinem Kopf und die
Depression in meinem Kopf.

Tragedy in Poetry

Ich möchte mein Herz rausschneiden,
damit dieser Schmerz endlich
aufhört.

Tragedy in Poetry

Ich dachte du hättest mir die
schlimmsten Schmerzen zugefügt und
mich auf eine Art und Weise
verletzt, wie ich es nicht für
möglich gehalten habe. Dann kamen
meine Depressionen und du warst ein
Witz dagegen.
Ich hatte dir wirklich vertraut,
doch du nahmst keine Rücksicht
drauf.

Tragedy in Poetry

Ich wäre bei dir geblieben.

Für immer.

Du hättest es nur sagen müssen.

Ich war dir so verfallen.

Tragedy in Poetry

Dein Rücken war der Sturz in die
Tiefe.

Tragedy in Poetry

Wenn ich dich ansehe, sehe ich all
die scheiße, die ich erlebt habe.
Ich habe Dinge und Sachen gesehen,
die ich nur vergessen wollte.
Ich bin ertrunken in dir.

Tragedy in Poetry

Wir sind unfähig miteinander zu
leben. Und mit uns selbst erst
recht.

Tragedy in Poetry

Sag, ist es Liebe, wenn diese Liebe
dir alles nimmt, was du geliebt
hast?

Wie kann sich etwas Falsches so
richtig anfühlen.

Tragedy in Poetry

Ich hatte es geahnt, dass du gehst.
Ich wusste es schon die ganze Zeit,
trotzdem war ich in der Hoffnung,
dass du auf ewig bleibst.

Ich wusste, du suchst das Weite.
Deine Versprechen, die du gegeben
hast, waren nie etwas Wert.
Du hast dich wohl versprochen, als
du meintest, du liebst mich.

    — Und auch das habe ich dir
       verziehen.

Tragedy in Poetry

Ist dir eigentlich klar, was du
alles hättest haben können und was
du immer und immer wieder
verlierst, weil du immer und immer
wieder dieselben Fehler machst. Es
schockiert mich immer mehr, wie es
ein Mensch schafft, sich weder zu
ändern, noch es versuchen zu
wollen.
Ich hätte dir so viel gegeben, ohne
zu nehmen.
Denn das hätte es mir bedeutet.
Bedingungslos.
Ohne es einmal zu hinterfragen.
Danke, dass du mich davor gerettet
hast, mich bedingungslos hinzugeben
mit einer Kraft, die ich hätte aus
allem geschöpft, nur für dein
Glück. Für keines sonst.
Doch du bewahrtest mich erneut vor
diesem Fehler und dies schreckt
mich erneut ab.
Danke für deine Schande in
Menschengestalt und vor der
Bewahrung davor.

    — Du bist ein Narr.

Chapter III

<u>Tragedy in Poetry</u>

Meet me in this
broken place.

Meet me in this
dirty dress.

Meet me in my
best mode
in this lonely place.

Tragedy in Poetry

WHAT A SHAME.

Tragedy in Poetry

Already dead.

I love everything i love.

This pain is just to real.

No one help me.

No one love me.

No one knows me.

No one hear me.

No one see me.

No one safe me.

Tragedy in Poetry

I close my eyes.
The last words I hear from you
are ,,take my hand darling``.
I die in your arms with a smile.
The happiest day in my life.

Tragedy in Poetry

I hate myself in ways I don`t
understand.

Tragedy in Poetry

My Face says happy.

But my eyes say pain.

<u>Tragedy in Poetry</u>

In another life I would be your
girl.

And you will love me to the end.

Tragedy in Poetry

When god takes me back
I`ll say Hallelujah
I`m home.

Tragedy in Poetry

You will never understand the
damage you did to someone until the
same thing is done to you.
You will never know the pain.

Tragedy in Poetry

I`m scared

I mean what if I never get my life
together?

What happens to me?

Tragedy in Poetry

Did you know
that art never
comes from
happiness?

Tragedy in Poetry

Life is a game now.

I don`t wanna play.

I will say goodbye to life now.

It`s the easiest way.

Tragedy in Poetry

It takes one minute
to make someones
day great.

And one word
to destroy
someones life.

Tragedy in Poetry

Maybe I`m just to
complicated for
anyone to love.

I can`t wait
for the sweet sweet embrace
to death.

<u>Tragedy in Poetry</u>

I`m the king
of my own
hell.

But I`ll never
go away.

Tragedy in Poetry

You know
I never wanted
to hurt
you.

<u>Tragedy in Poetry</u>

I get my hopes up
and I watch them
fall.
Overtime.

Tragedy in Poetry

I walk lonely trough
the streets.
Like a child of
the night.

Tragedy in Poetry

I fell like trash
the hole time.

Tragedy in Poetry

I see so many humans
but no humanity.
Weird.

Tragedy in Poetry

I fight with my demons.

Every second.
Every minute.
Every night.
Every time.

Tragedy in Poetry

I`m so beautifully broken.
I can`t believe that.

Tragedy in Poetry

When I die
don`t cry
just look to the sky
and say goodbye.

<u>Tragedy in Poetry</u>

Everybody touches you
but nobody wants you.

Tragedy in Poetry

The whole world fucks me up.

Pleasy let me die alone in my room.

   — thanks.

Tragedy in Poetry

Are you happy?

No.

Are you dead?

Did I look like that?

A little.

<u>Tragedy in Poetry</u>

I just have this
happy personality
and a sad and broken
soul at the same time.

It feels so weird.

Tragedy in Poetry

I`m a prisoner
of my own
past.

<u>Tragedy in Poetry</u>

Did you know that
nobody can take us
what has not been
there for a long time.

Tragedy in Poetry

It`s so sad to think
and it`s so weird to say
but the dreams in which
I`m dying are the best
I`ve ever had.

It feels like I`m coming home.

    — It`s time to come home.

Tragedy in Poetry

The whispers in my head
will kill me.

Tragedy in Poetry

I dreamed about my own dead
I slept so good.

Tragedy in Poetry

He takes everything I love.

But I love him.
Why you kiss me?
I think you hate me.
Why you hurt me?
I think you love me.

Everything`s a lie.

He breaks my heart again
and again.

But I love him.

Tragedy in Poetry

Sometimes I think
that I won`t fight
with my anxiety.
It`s everything I have.

Tragedy in Poetry

Sadness touches everyone
even the ones
who shouldn`t be sad at all.
But don`t cry
I know
you try the best.

Tragedy in Poetry

I`m a fucking waste of space.

I feel so alone.

Fuck it.

Tragedy in Poetry

Your words cut deeper than every
knife.
Your words hurt more than every
injury.

Tragedy in Poetry

GO!

But stay.

Please.

I think I need help.

I`m drowning in myself.

Tragedy in Poetry

How can I safe myself?
I`m so tired.

I`m so sick of being here.

Tragedy in Poetry

Maybe one day
you`ll see what you did to me.
I haven`t felt beautiful in months.

Tragedy in Poetry

We hold something
we don`t need.
Come on
let it go.

Tragedy in Poetry

Disappointed
but not suprised.

Tragedy in Poetry

They tell you to be yourself
and then they judge and go.

Tragedy in Poetry

I have story`s I won`t tell anybody
else.

Never.

Story`s about sadness, about hate,
about self-hate, about love.
Story`s of giving up.

I`m done I don`t know.

   — I am sad.

Tragedy in Poetry

I`m drowning in my sadness.
They come in waves every night.
I can`t stop them. I fell and fell
and fell and no one is there to
stop my body from falling down.

Tragedy in Poetry

I`ve put my trust in you.
A Hopeless thing.

Tragedy in Poetry

We know that nothing is alright.

Tragedy in Poetry

My way on hell you`re welcome.

<u>Tragedy in Poetry</u>

Ich danke dir vom Herzen, dass du
bis hier hin gelesen hast.
Ich hoffe dir helfen diese Zeilen
in den dunkelsten Stunden weiter,
so wie es mir geholfen hat, diese
auf Papier zu bringen.

Ich hoffe, dieses Buch gefällt dir
genau so gut wie mir, vielleicht ja
sogar besser.

Ich hoffe, du hast ein
Lieblingsgedicht aus den vielen
herausziehen können.

Teil mir doch gerne mit welches dir
am meisten gefallen hat.

Instagram: annka_kzn

Ich freue mich!

Hab einen schönen Tag, es ist dein
Tag! Mach das beste draus.

Zeitfracht Medien GmbH
Ferdinand-Jühlke-Straße 7
99095 Erfurt, Deutschland
produktsicherheit@kolibri360.de